GUÍA DE LECTURA

Escrita por Natalia Torres Behar

Hombres buenos

de Arturo Pérez-Reverte

Entiende fácilmente la literatura con

ResumenExpress.com

www.resumenexpress.com

ARTURO PÉREZ-REVERTE

EL *ROCKSTAR* DE LA LITERATURA ESPAÑOLA

- **Nacido en noviembre de 1915 en Cartagena (España)**
- **Funciones destacadas**:
  - Es miembro de la Real Academia Española de la Lengua desde 2003
  - Fue corresponsal de guerra y reportero de RTVE durante muchos años
- **Algunas de sus obras:**
  - *El maestro de esgrima* (1998), novela
  - *El club Dumas o La sombra de Richelieu* (1993), novela
  - *La reina del sur* (2002), novela
  - *Las aventuras del capitán Alatriste* (1996-2011), colección de novelas

Arturo Pérez-Reverte nació en Cartagena, Murcia, una pequeña ciudad costera del sureste de España. Estudió periodismo y se dedicó a este oficio durante más de veinte años. Sin embargo, nunca fue un periodista normal y corriente, sino que fue corresponsal de guerra, hecho que lo marcó definitivamente. Fue así como cubrió conflictos armados en lugares diversos como Chipre, el Líbano, Nicaragua, Sudán, Mozambique, El Salvador, Eritrea, la antigua Yugoslavia y otros. Su libro *Territorio Comanche*, publicado en 1994, tiene lugar en Yugoslavia y fue su forma de despedirse del periodismo para siempre. Desde entonces se dedica exclusivamente a la literatura, en particular a la novela histórica.

Pérez-Reverte es hoy uno de los escritores españoles

contemporáneos más famosos y leídos; sus libros son esperados con ansias, suelen ser éxitos de venta en las librerías y son aclamados por sus millones de lectores alrededor del mundo, dado que ha sido traducido a más de cuarenta idiomas.

HOMBRES BUENOS

UN LIBRO DE AVENTURAS POCO CONVENCIONAL

- **Género:** novela histórica, novela de aventuras, reflexión filosófica
- **Edición de referencia:** Pérez-Reverte, Arturo. 2015. *Hombres buenos*. Madrid: Alfaguara
- **Primera edición**: 2015
- **Temáticas:** la Ilustración: razón vs. religión, historia de España, libros y metaliteratura

Hombres buenos, como su título lo indica, cuenta la historia de dos hombres buenos, Hermógenes Molina y Pedro Zárate. Es el año 1783 y los miembros de la Real Academia Española de la Lengua han decidido que son ellos dos quienes deben ir a París a buscar y comprar la *Encyclopédie ou Dictionnaire raisonné des sciences, des arts et des métiers*, un libro prohibido por la Iglesia y el Estado. Sin embargo, por tratarse de la Academia, el rey les ha dado permiso para que adquieran el libro, pues constituye una parte fundamental del conocimiento. Estos dos hombres emprenderán, entonces, un largo camino en un coche de caballos de Madrid hasta París y allí enfrentarán todo tipo de problemas para adquirir y llevar a salvo la enciclopedia a España. En el camino, sus creencias se verán cuestionadas, sus miedos confrontados y sus valores, puestos a prueba. La novela es, también, el relato de cómo Pérez-Reverte concibió la historia a partir de hechos reales y cuenta el proceso de su escritura, haciendo de él mismo otro de los personajes del libro.

RESUMEN

EL PRIMER HALLAZGO

Es 2015 y el narrador de *Hombres buenos* (que es y no es el Arturo Pérez-Reverte de la realidad) encuentra en la Real Academia Española de la Lengua, de la que es miembro, una primera edición de la *Encyclopédie ou Dictionnaire raisonné*. El narrador, entonces, se pregunta cómo pudo llegar esa obra a la Academia si estaba en el Índice de libros prohibidos, cuándo llegó y por qué motivos.

¿SABÍA QUE...?

La Encyclopédie, cuyo primer volumen salió en 1751 y el último en 1772, influenció en gran medida la Revolución francesa. Editada por Diderot, contenía las ideas más revolucionarias de su época y fue condenada por la Iglesia católica.

Es así como empieza la primera aventura que narra este libro: la de Pérez-Reverte en busca de una historia. Él debe indagar en los archivos de la Real Academia y en libros de la época para encontrar su respuesta, y la respuesta la encuentra en un acta de 1783 en la que está consignado que la Academia designó a dos hombres la labor de ir a París a conseguir una *Encyclopédie*. Después, preguntando a otros miembros de la Academia y a amigos, irá encontrando poco a poco pistas de una historia que cada vez le parece más atractiva. ¿Por qué podría ser interesante la historia de dos hombres en busca de una enciclopedia? No solo por lo que esa enciclopedia contenía, claro, sino también porque, a pesar de que la Academia tenía el permiso del rey para conseguir una copia, era una búsqueda peligrosa. Se trataba de un libro prohibido y por ese motivo debía conseguirse de forma clandestina, también tenía muchos detractores y era una época en la que la religión católica, sobre todo en España, era dueña y señora de la verdad; leer un libro de esta naturaleza, de ideas tan revolucionarias, era un desafío muy importante a la autoridad. Pero además era una historia interesante porque en el siglo XVIII viajar por Europa era difícil. Los recorridos eran largos e inciertos, incómodos, las comunicaciones lentas y siempre existía el peligro de ser asaltado.

Armado con estos datos, mapas de los caminos entre España y Francia de finales del siglo XVIII, libros de personajes ilustres, y con la ayuda de amigos que saben dónde buscar, el narrador decide escribir una novela. Entonces, con otros datos y hechos reales, develados gracias al hallazgo de cartas, libros y comunicaciones, le cuenta al lector cómo va construyendo su novela *Hombres buenos* paso a paso. A veces la narración de la historia que está contando se ve interrumpida porque él mismo no sabe cómo continuarla y tiene que contarle al lector lo que tuvo que hacer para resolver alguna necesidad de la ficción. Es así como la novela va intercalando la historia de los dos hombres en París en el siglo XVIII y la historia de cómo fue escrita en el siglo XXI; lo que tuvo que leer el autor, los viajes que hizo, las personas con quienes habló y las decisiones que tuvo que tomar para que la historia tuviera sentido. Es, pues, una novela sobre sí misma, o lo que se denomina metaliteratura.

EL VIAJE A PARÍS

La historia que el narrador nos cuenta es la de don Hermógenes Molina y don Pedro Zárate, dos académicos, miembros de la Real Academia, que son escogidos por sus compañeros para la misión de encontrar y comprar una *Encyclopédie* para la biblioteca. La mayoría de estos académicos (y aquí está la clave, no todos) creen que por la naturaleza de la Academia es su deber estar informados no solo sobre las últimas publicaciones importantes en el mundo, sino sobre las últimas corrientes filosóficas que han surgido. Especialmente ven la necesidad de tener en su colección un libro como este del que tanto se ha hablado, que cuenta con ilustres autores y cuya lectura parece ser reveladora. La Academia, como lugar de pensamiento, debe tener este libro aunque sus ideas sean opuestas a las de la Iglesia y aunque tenga ideas tan progresistas que puedan ser peligrosas.

Don Hermes y el almirante, con el apoyo del director de la Academia, Vega de Salla, armados con un coche de caballos, un cochero y dinero suficiente para sobrevivir en París y comprar los veintiocho tomos originales, se embarcan en una aventura cuyo viaje de ida dura un mes. Tras ese mes, en la medida de lo posible tranquilo, llegan a París y allí deben buscar la enciclopedia por sus propios medios. Se dirigen, entonces, a la Embajada de España en Francia en donde les aconsejan que busquen la ayuda del abate Bringas, un excéntrico personaje que, sin embargo, tiene buenos contactos. Durante un largo tiempo buscan por París infructuosamente la *Encyclopédie*, pero esta no está por ningún lado. La primera edición fue reducida, se agotó inmediatamente y quienes la tienen no la quieren vender. Además, los mejores libreros de París aseguran que cuesta mucho dinero si es que se logra conseguir; ellos ofrecen otras, pero los dos hombres deben conseguir la primera edición con sus veintiocho volúmenes. Así van pasando sus días en un París que, algunos años antes del estallido de la Revolución, parece albergar dos lugares distintos en tensión. Por un lado, la ciudad de las luces, el lugar en el que todos quieren estar, el París de los salones, las tertulias y los cafés; el París elegante y a la vanguardia. Por otro lado, el París pobre de la periferia en el que la gente muere de hambre, donde no hay acueductos ni caminos; un lugar sórdido lleno de ladrones y prostitutas que sobreviven como pueden. Esta segunda ciudad la conocen los dos hombres buenos gracias al abate Bringas, que está convencido de que los parisinos de este sector se aburrirán muy pronto y de que tomarán algún tipo de acción; esto debido a que la situación de la ciudad es insostenible y a que tienen como guía las luces de la razón. Nos cuenta el narrador que, en la vida real, el abate Bringas fue una pieza importante de la Revolución y que murió junto a Robespierre.

Finalmente, a pesar de las dificultades y de los caminos que no conducían a ninguna parte, los dos hombres encuentran una pista útil. Una de sus noches en París, el abate consigue que los inviten a la tertulia de Margot Dancenis, una española que vive allí y que conoce a muchas personas. Esa noche los dos académicos terminan en una elegante casa parisina rodeados de importantes personajes de la vida política, social y cultural de la París de la época, discutiendo sobre filosofía, sobre política y sobre la deseabilidad de la Ilustración. Los dos dejan una muy buena impresión en la pareja anfitriona y es esta la que, unos días después, les cuenta de una conocida que enviudó y que parece tener una primera edición de la *Encyclopédie* en su propiedad.

LOS OBSTÁCULOS DURANTE LA MISIÓN

Como se ha mencionado con anterioridad, había algunos miembros de la Academia que no estaban de acuerdo con la misión de conseguir una copia de la *Encyclopédie* encomendada a nuestros dos hombres buenos, entre ellos Justo Sánchez y Manuel Higueruela quienes, desde orillas ideológicas absolutamente opuestas, no consideran positiva la adquisición de dicho libro. Entonces, deciden contratar a un hombre llamado Pascual Raposo para que los ayude a impedir que la *Encyclopédie* llegue a Madrid. Raposo debe seguir a los hombres hasta París y allí usar las artimañas que prefiera para entorpecer la misión, pero debe tener algo en mente: la integridad física de los dos académicos no debe verse comprometida.

En París, con ayuda de un amigo policía, Raposo hace lo posible para que los hombres buenos no puedan encontrar los libros; más adelante, cuando los encuentran, contrata a unos rufianes para que ataquen y asalten a los académicos y quitarles así los recursos para comprar la *Encyclopédie*. Después, cuando los académicos logran conseguir el dinero y emprenden el camino de vuelta, Raposo no ve más solución que denunciarlos en un pueblo como espías y, mientras son interrogados, robarles las cajas con todos los tomos. Sus esfuerzos, sin embargo, como sabemos desde el principio, fracasan.

ESTUDIO DE LOS PERSONAJES

La mayoría de los personajes que aparecen en esta novela están basados en personas que de verdad existieron pues, como ya se ha dicho, el libro está basado en hechos reales. Algunos aparecen con sus nombres reales y otros fueron cambiados para la ficción.

ARTURO PÉREZ-REVERTE

Personaje principal y narrador de la novela. Se trata del mismo autor, pero a la vez es una versión de ficción de él. Aunque autor y narrador comparten muchas características, como el hecho de que ambos trabajan en la Real Academia Española, los títulos de sus libros publicados están cambiados, así como otros hechos de su pasado. Es el narrador quien al principio de la novela descubre que la primera edición de la *Encyclopédie* está en la biblioteca de la Academia y quien investiga cómo llegó allí. También es el encargado de unir las partes de la historia, solucionar misterios y llenar los vacíos que va encontrando durante su investigación.

HERMÓGENES MOLINA

Don Hermógenes, a quien sus amigos llaman «Hermes» (Pérez-Reverte 2015, 54) es el bibliotecario de la Academia. Es experto en latín y traductor. Es un hombre de buen carácter y bonachón. Es bajito, un poco gordo, de pelo mal cortado y muy oscuro, aunque canoso, barba cerrada y ojos castaños que delatan su edad. Enviudó hace cinco años y por eso su apariencia no es la más cuidada: su ropa suele estar muy gastada o con manchas de comida. No usa peluca, ni polvos para el cabello, pero es un hombre sencillo, bueno y confiable. Por eso es elegido por sus compañeros para ir a París a buscar la *Encyclopédie.*

PEDRO ZÁRATE

Es un brigadier retirado de la Marina y por eso todos se refieren a él como «el almirante». Se ganó su lugar en la Academia debido a que escribió un diccionario notable de la Marina. Es alto, flaco, apuesto a pesar de sus años y siempre lleva su cabello gris recogido en una coleta. Su rasgo físico más llamativo son sus ojos de un azul muy claro y transparente. Es un hombre decente, aunque un poco misterioso y algo rígido en sus maneras. Es también retraído y siempre está impecablemente vestido y arreglado. Nunca se casó y vive con sus dos hermanas, que se encargan de que todo esté siempre perfecto en su vida. Se trata de un hombre de fiar y por eso es el segundo elegido para ir a París.

PASCUAL RAPOSO

Raposo es, sobre todo, peligroso. Tiene unos cuarenta años, es bajo, de pelo rizado y oscuro; fornido, de manos ásperas y usa siempre botas de montar a caballo. Fue militar y también trabajó para la policía. Es un hombre sin escrúpulos ni fidelidades, que hace lo que le pidan a cambio de una buena suma de dinero. Está dispuesto a matar, y probablemente lo ha hecho, pero en esta ocasión solo tiene que encargarse de que la *Encyclopédie* no llegue a Madrid sin hacerle daño físico a nadie. En palabras de Higueruela, debe entorpecer la gestión del almirante y del bibliotecario (Pérez-Reverte 2015, 70).

EL ABATE BRINGAS

Es un hombre de mediana edad, está mal afeitado y lleva siempre una peluca despeinada y grasosa. Su ropa es sencilla y está muy gastada. Es un sujeto desaliñado, no usa sombrero y tiene un tosco bastón. Es un hombre muy inteligente, que cree en la razón y en la revolución pues ha conocido los lugares más pobres y bajos de París. Conoce, también, a muchas personas de la alta sociedad, a pensadores y libreros, y se mueve con facilidad en distintos ambientes. Es con su ayuda que los dos académicos logran conseguir una copia de la *Encyclopédie*.

MANUEL HIGUERUELA

Está en sus sesenta, tiene el cuello grueso y la voz nasal. Es un hombre vulgar, de ojos malignos e inteligentes. Es miembro de la Real Academia Española de la Lengua, el editor de un periódico ultraconservador y tiene amigos entre la nobleza más reaccionaria y el clero. Desde el principio se opone al proyecto de conseguir la *Encyclopédie* y después, aliado con Sánchez Terrón, contrata a Pascual Raposo para evitar que Hermes y el almirante tengan éxito en su misión. Cree que el culto desaforado a la razón es peligroso e insulta el orden instaurado por Dios, y está convencido de que la *Encyclopédie* deshonra la biblioteca de la Academia.

JUSTO SÁNCHEZ TERRÓN

Ronda los cincuenta años y viste a la última moda de Francia e Inglaterra, aunque tiene un origen asturiano modesto; es un hombre que se ha hecho a sí mismo. Funcionario del Estado, adquirió cierta fama debido a un informe que escribió sobre la vida en las cárceles y los hospicios. Es lo que llaman en España un ilustrado radical y tiene una reputación de hombre de ideas avanzadas. Sin embargo, su fama y afán de protagonismo le han nublado el juicio y es incapaz de verse de manera crítica. Es pedante y se cree el único dueño de la verdad. Aunque está ideológicamente en el extremo opuesto de Higueruela, termina uniéndose a él en el propósito de impedir el éxito de la misión pues no cree que la *Encyclopédie* deba ser para todo el mundo, sino para unos pocos como él.

MARGARITA DANCENIS

Ella está cerca de los cuarenta años. Margot, como la conocen todos, es una mujer segura de sí misma: bonita, inteligente y de una familia española acomodada, que se casó con un francés y vive la vida elegante de París. Es blanquísima, de dientes perfectos, ojos negros grandes e inteligentes, de piel perfecta y tersa y manos cuidadas. Le gusta ser anfitriona de tertulias literarias. Los miércoles van a su casa los intelectuales más importantes del momento; por esa razón su salón es muy reconocido en París. Ella es el centro de atención siempre y es quien regula el ritmo y la conversación de cada velada. Sus desayunos con algunos amigos íntimos son también conocidos por todos y el hecho de que tiene un amante –o varios– es un secreto a voces.

LA VIUDA HÉNAULT Y SU HIJO

Ella es una mujer de unos setenta años, de aspecto seco y ojos verdes que en otro tiempo fueron lindos. Su hijo es abogado. Están vendiendo la biblioteca del difunto Hénault, que tiene por lo menos cuatro mil volúmenes, pues no les interesa mucho, ocupa espacio y el dinero extra que les puede entrar por su venta no les vendría mal. Es por eso que finalmente acceden a venderles la *Encyclopédie* a los dos académicos a un precio justo y adecuado.

PEDRO PABLO ABARCA DE BOLEA

Es conde de Aranda y embajador de España en París. Ronda los sesenta años, su piel es amarillenta, tiene una mala dentadura, está medio sordo y bizquea de un ojo. Tiene una figura poco airosa, pero es un hombre vestido de forma lujosa y elegante. Su apariencia resulta decepcionante y no corresponde a su leyenda y a su antiguo poder. Sin embargo, cuando, a regañadientes, les presta dinero a los académicos, su labor termina por contribuir mucho a la misión.

FRANCISCO DE PAULA VEGA DE SELLA

Es el director de la Academia. Es un hombre de confianza del rey y sabe moverse bien por las altas esferas. Elegante, siempre vestido a la última moda, tiene una fortuna discreta. Tiene fama en las tertulias de avanzada de hombre ilustrado gracias a un libro que escribió sobre la igualdad de los hombres y a su correspondencia con Rousseau.

CONSIDERACIONES FORMALES

GÉNERO

Clasificar esta novela resulta a veces complicado por los juegos a los que somete al lector. Al leerla queda la duda de qué parte de lo que se leyó es un hecho histórico y qué parte es invento del autor y el texto parece moverse en un cuidado equilibrio entre ambas.

¿Novela histórica?

Como se ha dicho más arriba, esta novela trata un hecho real que sucedió en el siglo XVIII y que hoy en día resulta un poco misterioso. Pérez-Reverte, entonces, intenta recrear en su novela aquella época y para eso se embarca en un largo proceso de investigación (como nos cuenta en la misma novela). No solo toma personajes reales, con las características que en efecto tuvieron, sino que también recorre París y Madrid buscando lugares verosímiles en los que los hechos que se inventa pudieron haber tenido lugar; además, hace en su coche el recorrido de Madrid a París que hicieron los dos académicos buscando rastros y pistas que ellos revelaron en sus cartas, consulta mapas y planos, y habla con expertos para así lograr darle al lector una descripción más fiel de los lugares que ellos visitaron. Sumado a esto, hace descripciones precisas de los atuendos y estilos de moda, investiga las costumbres e incluso el lenguaje y sistema de valores prevalecientes en la época. Es así como logra darle al lector una visión verosímil de la España y Francia del siglo XVIII, de lo que sucedía en sus calles y casas y, sobre todo, de las disputas ideológicas y tensiones que estaban teniendo lugar. Por estos motivos, se podría decir que *Hombres buenos* es una novela histórica.

Sin embargo, calificarla así no es tan fácil y no resuelve algunos problemas, pues aunque es verdad que recrea fielmente el siglo XVIII, también es cierto que la mayoría de hechos son inventados y no recrea batallas ni grandes momentos históricos, sino que toma el hallazgo de un libro como excusa para investigar el pasado. En esa medida, la novela no se ajustaría a lo que normalmente se conoce como novela histórica si nos atenemos a la definición que de ella da Georg Lukács en su libro *La forma clásica de la novela histórica* (1936). Como dice el propio Pérez-Reverte en una entrevista: «Utilizo la historia como pretexto, como materia narrativa, como fuente de misterio, como tema, por ejemplo, pero mis novelas no son novelas históricas. Son novelas de ahora» (Durham y Gabrielle 2003, 233-245). En esa medida, si nos atenemos fielmente a lo que dice, podemos asegurar que la verdadera historia, o la historia principal de la novela no es la de los dos académicos del siglo XVIII, sino la de la propia búsqueda del autor, y la concepción y escritura de una novela. Es la historia de una historia.

¿Novela de aventuras?

Entonces, sería mejor decir que la novela de Pérez-Reverte es una novela de aventuras, pues este tipo de texto se caracteriza por los viajes, misterios y riesgos que debe correr un personaje para lograr un objetivo. Así pues, esta novela cabe perfectamente en esa descripción, pues sigue todo lo que les sucede a los dos académicos, los obstáculos a los que se enfrentan y la resolución feliz de su viaje. Así, el viaje, que en un principio es solo un trámite, gracias a la inclusión de unos enemigos y problemas, se convierte en toda una aventura en la que don Hermes y el almirante se convierten en héroes. Pero también, como asegura Darío Villanueva en su crítica a la novela, es varias cosas a la vez: una novela de aventuras, de ideas, histórica, posmoderna, de acción, metanovela.

¿Reflexión filosófica?

Hombres buenos, con su estilo sencillo, su lenguaje directo y su narrador en tercera persona, es una obra compleja y bien articulada que combina estilos y géneros, pues, por ejemplo, algunas veces, cuando el narrador está contando su investigación para escribir la novela, cita fuentes que no existen.

Además, a pesar de la simplicidad aparente de su lenguaje y su narrador, que tiene que ver con la tendencia de Pérez-Reverte a la popularización de los temas de la cultura elevada (Navajas 2000, 13), se trata también de una reflexión filosófica y una crítica a la contemporaneidad. Una reflexión filosófica en la medida en que grandes partes de la novela están dedicadas a diálogos, tanto en el siglo XVIII como en el XXI, en los que se discuten la razón, la lucha por esta y la importancia de educar a los pueblos; y se discute también sobre ciencia y religión, sobre arte, historia y filosofía. Los años en los que se desarrolla la novela fueron realmente tiempos convulsos en los que había auténticos enfrentamientos entre la razón y un pensamiento reaccionario y dogmático; fueron, además, tiempos llenos de nuevos pensadores y científicos como Diderot, Rousseau, Voltaire y Montesquieu, circunstancias que culminarían con la Revolución francesa. Por eso es tan interesante que el autor logre presentar todas estas discusiones para que cualquier lector las entienda y, sobre todo, se haga una idea de su importancia en la época y de las repercusiones que hoy vemos aún.

¿Y por qué le interesa al autor hablar de la Ilustración? Porque esta resulta un pretexto para hablar también de la España de hoy, que es heredera de esa que fue en el pasado. Como comenta el narrador Pérez-Reverte con una amiga, al parecer en España nunca se cuestionó realmente el orden establecido y eso se debió a su cobardía moral y su pereza. España es hoy como es por lo que fue en el pasado, en ese pasado en el que tuvo la oportunidad de cambiar y, sin embargo, no lo hizo. Una España que intentó luchar contra la oscuridad y el dogmatismo, pero que no lo logró del todo y que aún hoy es un lugar provinciano, rezandero, desigual e injusto en el que la Iglesia sigue teniendo demasiado poder y en la que sigue habiendo un rey mantenido por el pueblo.

EL TIEMPO Y LA AUTORREFERENCIALIDAD

Lo primero que habría que decir sobre el tiempo y los hechos en esta novela es que desde las primeras páginas el lector ya sabe que la aventura tiene éxito, pues, en efecto, los veintiocho tomos de la *Encyclopédie* están en la Academia. Así pues, dado que ya tenemos esta anticipación, el misterio no reside allí ni tampoco el objetivo de la novela, sino en los mecanismos que se usan para hacer una historia interesante.

Otro elemento fundamental de la obra es el manejo temporal. La novela está construida por capítulos con títulos que hacen siempre referencia a los episodios del siglo XVIII, pero en párrafos intercalados hay discusiones y confesiones de Pérez-Reverte sobre cómo seguir escribiendo o cómo hacer para que una escena funcione y sea verosímil. Es común a lo largo de la lectura que el narrador en tercera persona pase a hablar de sí mismo y de lo que ha tenido que hacer para lograr escribir. A veces, por ejemplo, deja a sus personajes en la mitad de una conversación para contarnos de los problemas que enfrentó en su propio recorrido, los desvíos que tomó y cómo hizo para seguir las viejas carreteras.

Estos momentos, en los que también puede contar sus viajes a París y sus discusiones con amigos y colegas, ocupan una parte importante del texto, que todo el tiempo salta entre el presente y el año 1783. Así, poco a poco, el narrador va construyendo ante nuestros ojos la historia que nos quiere contar y lo que tuvo que hacer para construirla. Sin embargo, el lector debe ser cuidadoso y no debe creer en todo lo que dice el narrador sobre sí mismo, pues en ocasiones cambia nombres, inventa datos, fuentes y hechos, y por lo tanto no se puede considerar que todo lo que cita y tilda de fidedigno y copia de la época lo sea en efecto.

El lector está, entonces, ante un complejo juego de espejos en el que los límites entre ficción y realidad se desdibujan. No sabemos qué es verdad, qué pasó en la realidad y qué es invento del autor. El autor nos entrega una novela, entonces sabemos que es ficción, pero a la vez nos dice que hay algunas cosas que sucedieron, entonces tiene algo de realidad, pero a la vez, aunque hay algunos hechos que sucedieron, el narrador nos cuenta como verdaderos unos que en realidad no lo son. El juego es infinito y nos lleva cada vez más profundo a los intersticios de la ficción. En resumen, como ya se ha insinuado más arriba, este libro trata sobre la literatura; es literatura que habla de sí misma, de su propia creación. Es un libro sobre la ficción y sus métodos y que al tiempo que revela, esconde cómo funciona el proceso de creación.

TEMÁTICAS Y CLAVES DE LECTURA

LA ILUSTRACIÓN: RAZÓN VS. DOGMATISMO

Don Hermes y el almirante van a París en busca, nada más y nada menos, que de la *Encylopédie*, que, como ya se ha dicho, fue el libro más revolucionario de su época. Esto, por supuesto, no es gratuito y, como se ha dicho, es un pretexto para que todos los personajes tengan conversaciones y discusiones en torno a la razón y su deseabilidad. La novela retrata de forma auténtica los debates ideológicos de la época y, más importante aún, nos hace pensar en la vigencia y actualidad de aquellas discusiones. Por eso, este es uno de sus temas principales: la confrontación de dos maneras diferentes de ver el mundo que se dio a finales del siglo XVIII y que estallaría con toda su fuerza con la Revolución francesa y a lo largo del siglo XIX, por ejemplo, con la independencia de las colonias.

A modo de aclaración es importante mencionar, como se dice varias veces en la novela, que en España se podía ser ilustrado y católico a la vez, y esto es importante porque complejiza a los personajes, que no son planos representantes de un lado o de otro, sino que muestran las contradicciones de aquella época convulsa. Este es el caso de don Hermes, que es un practicante y devoto fervoroso, pero cree en la felicidad de los hombres y en su derecho al conocimiento. Como le dice uno de sus amigos al narrador, en esa época la mayoría eran todavía católicos practicantes, pero intentaron conciliar lo que creían con las nuevas ideas. Además, tenían la convicción de que si defendían con cuidado su lengua y la hacían más racional y científica estaban contribuyendo al cambio del país. Así pues, aunque don Hermes sea un hombre conservador, es un hombre que cree, en cierta medida y hasta donde su fe se lo permite, en la razón. El caso opuesto es el del almirante que es agnóstico. Él cree que la religión solo entorpece a los hombres y constantemente se burla de don Hermes por sus creencias y porque es un poco mojigato:

> «—La polémica entre don Hermógenes y yo es vieja (...) si Dios es un error, no puede ser útil al género humano. Y si es una verdad, debería mostrar pruebas físicas lo bastante claras.
> —La idea de Dios puede ser útil, de todas formas –insiste el bibliotecario-. Reconózcalo.
> —Aunque así fuera, mi querido amigo, la utilidad de una opinión no la convierte en verdadera.
> [...] —En materia de dioses –opone-, desde hace siglos, los hombres han coincidido en su existencia. Y ya sabe: puesto que estamos hechos para la verdad, no puede dejar de serlo aquello en lo que nos mostramos universalmente de acuerdo.
> [...]—Eso de que estamos hechos para la verdad me parece discutible [...]».
> (Pérez-Reverte 2015, 286).

Esta cita ilustra no solamente el tipo de discusiones que se ven a lo largo de todo el libro, sino que muestra cómo los dos académicos debaten y argumentan cada uno un punto de vista sofisticado y complejo. A pesar de su religiosidad y conservadurismo, don Hermógenes no ignora, por ejemplo, que prácticas como el toreo o los duelos de honor son tradiciones que no deberían existir. Esto sale a la luz cuando el almirante es retado a un duelo y decide aceptarlo por cuestiones de honor. Así, el hombre ilustrado y liberal, que cree en la razón, no se puede librar de un compromiso que tiene que ver con la tradición. Cuando el almirante decide aceptar el duelo, don Hermógenes asegura que el duelo es contrario a la racionalidad y que no tiene ninguna virtud. Además, dice que una época como aquella, de las luces, no debe aprobar esa manera de resolver las disputas, en la que un hombre demuestra su mérito asesinando a un semejante.

Como se dijo más arriba, se trató de una época convulsa y de muchos cambios que enfrentaron a las personas a toda clase de dudas y que abrió nuevas puertas del saber.

Son este tipo de diálogos y disquisiciones los que nos muestran el espíritu de la época y los profundos cuestionamientos a los que estaban todo el tiempo sometidos, cuestionamientos que, por supuesto, no se resolvieron allí. Pero también nos revelan la estructura de la novela que se configura a partir de un conflicto entre dos visiones opuestas y globales del mundo.

LOS LIBROS, LIBERTAD Y ESPERANZA

Otro tema central, como ya se ha dicho antes, son los libros, la literatura y la ficción. Se puede decir que ese es justamente el tema central de la novela: la propia literatura. Parecería que de lo que se trata *Hombres buenos* es de cómo se escribe una novela. Los libros, pues, están por todas partes, y son sin duda los protagonistas.

Los libros son también sinónimo de conocimiento y de

libertad: «Bendita letra impresa que un día, al fin, derribará falsos ídolos. Que acabará despertando al pueblo embrutecido» (Pérez-Reverte 2015, 249). Los libros siempre han sido sinónimo de conocimiento y descubrimiento, pero en esta época lo fueron más.

Por los libros se podía morir y matar, las ideas en ellos podían cambiar el mundo, tanto que había muchos prohibidos. En España, en aquella época, los libros eran subversivos y peligrosos. La palabra escrita, sus posibilidades de difusión y educación, es un sinónimo de libertad. En los libros estaba puesta la esperanza de un mundo mejor. Todos confiaban en su capacidad transformadora o la temían. Así pues, los libros son el opuesto de la sumisión a los tiranos, tiranos que en el contexto del siglo XVIII siguen siendo los reyes.

Es así como los libros se convierten en los mejores amigos de la Revolución. Entonces, no hay que tomarse esta afirmación del abate Bringas como algo negativo necesariamente, sino como una invitación a la lucha. El pueblo que tanto ha sufrido solo se levantará a pedir justicia cuando vea que si no lo hace él, nadie más lo hará; y que cada persona tiene que asegurar su bienestar en la tierra más que aspirar a la vida eterna. El abate, como buen lector de la Ilustración, está hablando de la necesidad de alcanzar la mayoría de edad, de empezar a pensar por nosotros mismos y a hacer que las cosas nos sucedan en vez de confiar en un Dios o rey que las provea.

ESPAÑA

Otro de los temas recurrentes en la novela es la crítica a España, a sus costumbres y tradiciones, al carácter de su gente y a su historia. El libro parece querernos decir que España es hoy lo que es debido a lo que fue, y esto casi siempre tiene connotaciones negativas.

La crítica, normalmente, tiene que ver con el carácter de los españoles, con sus valores y cualidades que les son más propias. Por ejemplo, este comentario hecho por el abate Bringas: «"Es muy humilde el niño", dicen. Argumentando como elogio, naturalmente… Lo que, traducido, viene a significar: "Ya ha contraído, gracias a Dios, la enfermedad tan española de la sumisión, la hipocresía y el silencio"» (Pérez-Reverte 2015, 288). Según esta cita, los españoles son, sobre todo, hipócritas y no llaman a las cosas por su nombre, sino que se alegran y regodean en unos valores que no lo son y que están directamente relacionados con el catolicismo y con las enseñanzas de la Iglesia.

Además de lo anterior, los españoles son superficiales: «Fachada por un lado y realidad por otro –ha comentado, zumbón, el almirante al franquear la entrada. Todo tan español, que asusta» (Pérez-Reverte 2015, 207). Este comentario lo hace el almirante cuando llegan a la Embajada de

España en París y por eso resulta tan significativo. Por fuera, la Embajada es un edificio bellísimo y lujoso, que parece un pequeño palacio y está cerca del Louvre, pero por dentro, a pesar de la cantidad de empleados, el lugar decepciona por su simpleza. Sumado a esto, el embajador es un hombre viejo y sordo, que no vive a la altura de su prestigio y que no les pone mucha atención. Llevando esta analogía al país, se puede decir que la crítica que hace Pérez-Reverte consiste en que España es un país de apariencias y esto se ve reflejado constantemente en la comparación con Francia. En París las personas son más liberales y directas, tienen amantes abiertamente, hablan de sexo, leen libros pornográficos y no les preocupa lo que digan de ellas. En Madrid se hace lo mismo, pero a escondidas y sería inconcebible hablarlo en público.

Finalmente, como lo dice el actual director de la Real Academia en el libro, el mayor problema de España es su historia. Como le dice a Pérez-Reverte, a pesar de que todas las historias de los países del mundo no son felices, la de España es especialmente desafortunada. Y el siglo XVIII es solo un ejemplo más de cómo se perdieron buenas oportunidades para cambiar: era una época de militares que leían, marineros que sabían de ciencia y ministros ilustrados y esto era evidencia de una renovación que venía, de un sacudón que iba a remover a toda Europa. Lo triste, por eso, fue que, finalmente, en España nada cambió realmente y ganaron las fuerzas reaccionarias.

Lo que más deprime tanto al narrador y sus contemporáneos como a muchos de los personajes desde el siglo XVIII es que la historia española tuvo varias oportunidades para cambiar las cosas, para cambiar la política o el rumbo del país, pero por algún motivo estas siempre se truncaron. La española, según esta novela, sería una historia de fracasos, de potenciales desperdiciados y de la imposibilidad de lograr un cambio social y mental muy anhelado. A finales del siglo XVIII en particular, lo que pasaba era que había ministros ilustrados, el rey tenía buenas intenciones, muchos querían ir más allá de los dogmas tradicionales de la Iglesia, pero pocos se atrevieron y eso tuvo consecuencias que hasta hoy sufre el país.

PISTAS PARA LA REFLEXIÓN

ALGUNAS PREGUNTAS PARA PROFUNDIZAR EN SU REFLEXIÓN

- ¿En qué medida y hasta qué punto se podría decir que en esta novela Pérez-Reverte hace un retrato fiel del Madrid y París del siglo XVIII?
- ¿De qué trata, en realidad, *Hombres buenos?* ¿Por qué?
- ¿Cuál es el papel de las mujeres en la novela? Justifique.
- ¿Cuál es el papel de la historia y de los hechos reales en la novela?
- ¿Por qué cree que Pérez-Reverte escogió el siglo XVIII para hablar de la España de hoy? ¿Le parece pertinente? ¿Qué relaciones hay entre las dos?
- Hable de la importancia de la *Encyclopédie*.
- A lo largo de la novela hay varias conversaciones en torno a la libertad y el conocimiento y a cómo el pueblo puede acceder a ellos. Algunos creen que la Revolución es necesaria, otros creen que lo es la violencia, algunos más creen en un camino pacífico. En su opinión, y teniendo en cuenta sus conocimientos de la historia, ¿cuál sería el camino ideal?
- Las novelas de Arturo Pérez-Reverte suelen ser superventas y esta no ha sido la excepción. ¿Qué elementos de la novela logran esto?
- Algunas novelas de Pérez-Reverte han sido llevadas al cine y la televisión; este es el caso de *El maestro de esgrima* y *La reina del sur*. Póngase en la piel de un director de cine: ¿Cómo haría usted una adaptación de esta novela al cine? ¿Cree que es posible? ¿Qué ganaría y perdería la historia?

¡Su opinión nos interesa!
¡Deje un comentario en la página web de su librería en línea,
y comparta sus favoritos en las redes sociales!

PARA IR MÁS ALLÁ

EDICIÓN DE REFERENCIA

* Pérez-Reverte, Arturo. 2015. *Hombres buenos*. Madrid: Alfaguara

ESTUDIOS DE REFERENCIA

* Dendle, Brian. 2000. "Las novelas históricas de Arturo Pérez-Reverte". *Territorio Reverte: Ensayos sobre la obra de Arturo Pérez-Reverte*. Madrid: Verbum.
* Durham, Carolyn y John Gabrielle. 2003. "Entrevista con Arturo Pérez-Reverte: Deslindes de una novela globalizada". *Anales de la literatura española contemporánea*, vol. 28, n.°1, 233-245. Consultado el 18 de julio de 2016. http://www.jstor.org/stable/27742213
* Navajas, Gonzalo. 2000. "Arturo Pérez-Reverte y la literatura de un tiempo ejemplar". *Territorio Reverte: Ensayos sobre la obra de Arturo Pérez-Reverte*. Madrid: Verbum.

FUENTE COMPLEMENTARIA

* Villanueva, Darío. 2015. "En la jaula del jaguar". *El País*. 14 de marzo. Consultado el 18 de julio de 2016.

LECTURA RECOMENDADA

* López de Abiada, José Manuel y Augusta López Bernasocchi, eds. 2000. *Territorio Reverte: Ensayos sobre*

la obra de Arturo Pérez-Reverte. Madrid: Verbum.